中华先贤人物故事汇

苏武

王 族 著

中华书局

图书在版编目(CIP)数据

苏武/王族著. —北京:中华书局,2019.2(2019.6 重印)
(中华先贤人物故事汇)
ISBN 978-7-101-13735-4

Ⅰ.苏… Ⅱ.王… Ⅲ.苏武(? ~公元前60)-生平事迹
Ⅳ.K827=341

中国版本图书馆 CIP 数据核字(2019)第 007479 号

书　　名	苏　武	
著　　者	王　族	
丛 书 名	中华先贤人物故事汇	
责任编辑	傅　可　董邦冠	
出版发行	中华书局	
	(北京市丰台区太平桥西里 38 号　100073)	
	http://www.zhbc.com.cn	
	E-mail:zhbc@zhbc.com.cn	
印　　刷	北京瑞古冠中印刷厂	
版　　次	2019 年 2 月北京第 1 版	
	2019 年 6 月北京第 2 次印刷	
规　　格	开本/787×1092 毫米　1/32	
	印张 3⅛　插页 2　字数 46 千字	
印　　数	10001-30000 册	
国际书号	ISBN 978-7-101-13735-4	
定　　价	18.00 元	

出版说明

孔子周游列国，创立儒家学说；张骞出使西域，开辟丝绸之路；书圣王羲之，留下了曲水流觞的佳话；诗仙李白，写下了"举头望明月，低头思故乡"的名篇；王安石为纠正时弊，推行变法；李时珍广集博采，躬亲实践，编撰医药学名著《本草纲目》……

这些杰出的历史人物，有的是在中华民族文明进程中做出过突出贡献、对后世产生过巨大影响的思想家、政治家，有的是对中华优秀传统文化的传承传播发挥过重大作用的文学家、艺术家、科学家，有的是为国家安定统一、民族融合团结和中外文化交流做出过杰出贡献的军事家、外交家……他们为中华民族的繁荣发展做出了伟大的贡献，他们的行为事迹、风范品格为当世楷模，并垂范后世。

他们是中华民族的先贤，他们的思想、品德、事迹，是中华优秀传统文化的结晶。他们的故事，是对中华民族的禀赋、特点和气质最生动、最鲜活的阐释。他们是五千年中华文明史上最为光彩夺目的人物，他们为五千年中华文明史书写了最为光辉灿烂的篇章。

为了解先贤，走近先贤，我们精心组织编写了这套《中华先贤人物故事汇》丛书。以详实可靠的史料为依据，以细腻动人的故事为载体，真实地呈现中华先贤人物的事迹、品格和精神风貌，彰显他们的贡献和功绩，以激发人们对国家民族的热爱，对中华文明、中华优秀传统文化的崇敬。

开卷有益，期待这套丛书成为你的良师益友。

目 录

导 读

　　苏武的故事，颇具传奇色彩。他受命出使匈奴，因部下参与匈奴内讧，受到牵连被囚禁。匈奴屡屡威逼利诱他投降，但均遭拒绝，于是将他放逐于荒无人烟的北海牧羊。他在北海苦熬十九年，每日手持旄（máo）节，意在表明人与旄节不倒，便会坚守使命，捍卫了大汉王朝的尊严。后来在常惠等人的努力下，苏武终于脱离苦海，回到长安。

　　在被放逐的十九年中，苏武的内心忍受着难以想象的煎熬。匈奴为了摧毁他的意志，曾数次中断他的粮食供给，他只能靠吃积雪、毡毛、野鼠以及鼠洞中的草籽等度日。因为他的衣衫越来越破，冬天一年比一年难熬，苏武将猎捕来的野兽剥下皮子，制成兽皮衣服，裹在身上御寒。他无时无刻不在与饥饿、寒冷、孤独和绝望抗争。

在这十九年中，苏武以其坚韧勇毅的个性，从未放弃内心的信念，始终不辱使命。他的故事流传千年，激励了一代又一代的中国人。

奉命出使

接到圣旨的那天，苏武还不知道，自己后半辈子的命运，已悄然发生了变化。

那是天汉元年（前100），朝廷命他出使匈奴。

苏武此时已经四十岁了。他的职务，是皇宫中的栘（yí）中厩监，也就是替皇帝掌管马厩的官。当了这个栘中厩监，苏武很快学会了饲养马匹和鹰犬，还学会了修理马鞍和弓箭。

苏武的出身不错，其父苏建曾功封平陵侯，官至代郡太守。汉制规定，凡职位在二千石以上的官员，任职三年之后，可以保举儿子或同胞兄弟一人为郎官。郎官一职虽然较小，但很重要，能在皇帝身边当护卫。所以，但凡为郎官，日后有很大机会飞黄腾达。

苏武是赢在起跑线上的官家子弟，他和哥哥苏嘉、弟弟苏贤，先后受父亲苏建保举，顺利入朝为郎官。

苏武为人沉着冷静，处事严谨认真，什么该说该做，什么不该说不该做，他都心中有数。因此，给汉武帝留下不错的印象。

天汉元年（前100）的一天，匈奴的一位使者来访，向汉武帝传达了匈奴的且鞮（jū dī）侯单于（单于，匈奴首领，意为像天一样广大）想与汉朝结好的意愿。此前，匈奴一直对汉朝虎视眈眈，虽然自高祖刘邦开始，就实行将汉朝公主（包括刘姓家族的女儿）嫁给匈奴单于的和亲政策，且经常赠送贵重财物，然而匈奴历代单于都喜怒无常、言而无信，往往在接收礼物后不久便发兵滋扰边关，尤其到了秋高马肥之际，他们便南下劫掠，将中原搞得鸡犬不宁。如今新任匈奴单于的且鞮侯，表达出希望和平的意愿，这让汉武帝很高兴，马上决定派使团出使匈奴。

汉武帝考虑使团负责人时，想到了苏武，觉得

苏武奉旨出使匈奴。

他是再合适不过的人选。于是，汉武帝便拜苏武为中郎将，命他带领使团出使匈奴。

一般人在升职前多多少少会听到一些消息，但苏武一点也不知道自己即将成为中郎将。听到消息后，苏武既惊又喜，感激不已，暗下决心一定要完成好任务，以回报皇恩。

其实，匈奴的结好请求，不过是且鞮侯单于为改善匈奴处境的一种策略。当时，汉朝贰师将军李广利出征，灭大宛，威震西域，西域诸国纷纷遣使献贡，表示臣服。此时且鞮侯初立为单于，不得不考虑自身处境。他思前想后，决定遣使访汉，并认汉朝皇帝为长辈。且鞮侯单于的做法，与汉朝多年来对匈奴实行的和亲政策有很大关系。

汉朝前前后后有不少公主嫁给匈奴单于。公主们生下的儿子，既是匈奴贵族，又自然而然亲近汉朝，将汉朝刘氏皇族视为亲戚，将刘姓视为贵族姓，以至于很多年后匈奴内部分裂，一部分匈奴人进入中原，与汉族人融合后，纷纷用重金向刘姓人家买姓。因为有如此背景，匈奴主动与汉朝结好时，便将汉室视为长辈。

且鞮侯单于主动示好的最大原因，是李广利当时在西域打出了威风，让西域诸国闻之胆寒，害怕汉朝军队的长矛利剑会指向他们。

　　太初二年（前103），汉朝浞（zhuó）野侯赵破奴率领的两万大军被匈奴击败，赵破奴亦成为俘虏。朝中有人建议，让正在西域征战的李广利放弃攻打大宛，以防陷入困境。但这件事反而刺激了汉武帝，他下令将囚徒、地痞、恶霸等，统一调到军中，使李广利的征讨军队增加了六万多人。同时，他又下令将全国所有犯罪的官吏、逃亡者、入赘妇家为婿者、商人、原属商人户籍者、父母或祖父母属商人户籍者，一律派去服兵役，给攻打大宛城的汉军运送粮草。

　　有了充足的兵源保障，李广利的三万先头部队直抵大宛，迅速切断了城外水源，同时挖地道，杀进了大宛城。大宛国贵族对李广利的大军深为恐惧，认为是大宛国王毋寡吝惜汗血宝马，杀了汉朝来大宛求马的使者，才给大宛国引来了灾祸。

　　于是他们杀了大宛国王毋寡，给李广利献上了汗血宝马。相邻的康居国，本想援助大宛国，但慑于李广利的大军之威，就没有出兵。这件事让刚即位的且鞮侯单于很害怕，他担心汉朝军队掉转方向来攻击匈奴。所以他有意交好汉室，为自己赢得喘息的机会。

此外，匈奴使者还带来一个重要消息，要将之前扣留的郭吉、路充国等十余批汉朝使者，悉数送还汉朝。

包括汉武帝在内的所有人，都认为且鞮侯单于诚心诚意，便决定让苏武把扣押在汉的匈奴使者送回去。古人历来讲究"来而不往非礼也"，大汉王朝在这件事上也不能小气。

很快，苏武带着大汉王朝送给且鞮侯单于的大批礼物，率领使团，踏上出使匈奴的征途。从长安出发的苏武，身着中郎将官服，手持旄节，气度不凡。旄节是使臣所持信物，"编毛为之，以象竹节"，一则代表朝廷，二则表明他们的身份。

此次出使，朝廷给苏武配备了两位副手，一位是副中郎将张胜，另一位是临时委派的使臣属官常惠，加上随从、士卒、记录官、医生、侦察人员、翻译、伙夫等，计一百余人，随苏武一同前往匈奴。

苏武一行千里迢迢，跋山涉水，到了匈奴王庭。

王庭是匈奴人活动的中心，他们每年春季都要聚集于此，举行龙城大会，祈祷一年马肥羊壮，猎物丰硕，人人远离瘟疫。

每日清晨，单于都会走出王庭，跪拜初升的太阳，到天黑则跪拜月亮。

且鞮侯当上单于的过程颇为曲折。他是伊稚斜单于的第三个儿子，前面两个哥哥分别是乌维和呴（hǒu）犁湖。伊稚斜死后，乌维顺理成章当上了单于，仅过十年便病死。其子詹师庐年幼，但按照匈奴规矩，仍被扶上了单于的宝座。詹师庐在历史上被称为儿单于，虽然年少，却好杀伐，让匈奴诸部落很是不安。过了三年，詹师庐单于又一命呜呼，他的叔父呴犁湖继任。但呴犁湖仅仅当了一年单于便去世。之后，且鞮侯终于如愿以偿当上了单于。

苏武一行到达后，见到单于，先将护送的匈奴使者交还，并说希望尽快见到汉朝使者郭吉、路充国等人。

苏武一行到达匈奴王庭。

此时的且鞮侯单于却面无表情。

苏武感到意外，他猜测也许匈奴人遇事不轻易表露喜乐或忧愤。接着，他将礼品一一呈送，称是大汉皇帝亲自安排挑选，代表大汉王朝的心意。

且鞮侯单于仍然默不作声。

苏武这时强烈地感觉到，这是且鞮侯有意为之，故意在给他们脸色看。那一刻，先前他对匈奴的希望，顿时化为乌有，随之而来的是担忧。

为了缓和气氛，苏武主动向且鞮侯单于介绍汉朝的情况。然而让人意想不到的是，且鞮侯单于却突然指责汉朝扣押匈奴使者，是对匈奴的极大污辱，匈奴在这件事上如不报仇，就是在草原上抬不起头的狼，在沙漠中奔跑不起来的骏马。他越说越愤怒，以至于控制不住情绪，将几案拍得山响，就连身上的径路刀（匈奴的短刀）也发出了颤响。

看到且鞮侯单于的态度如此激烈，口气如此狂妄，苏武没有说话，只是将手中的旄节挺了挺，表明摆在他面前的事情，并非图一时口舌之快就能解决。苏武暗想，汉廷已将匈奴使者如数送回，如果且鞮侯单于失信，那就是向大汉王朝挑战。堂堂大汉王朝，兵多将广，岂能任由他戏弄？

但一脸傲慢的且鞮侯单于，只字不提先前对汉朝的示好以及归还被扣押的汉朝使者之事。

且鞮侯单于为何会如此骄慢无礼？

苏武翻来覆去地想，推测原因大概有两个。其一，他当初主动向汉朝示好，其实是用缓兵之计渡过难关。现在，他地位已稳，觉得没必要在汉朝面前低三下四了。

其二，匈奴的处事方式乃至伦理道德与汉地截然不同。他们打仗时不以失败为耻，一旦打不过转身就跑；他们不尊老，好的食物都要先让年轻人吃，而年迈者只能吃残羹剩饭；父亲去世则儿子娶后母，哥哥去世则弟弟娶嫂子……凡此种种，在汉人看来，简直不可想象。且鞮侯单于极有可能根本不把说过的话当回事。

苏武觉得自己像是行走在悬崖边缘，稍有不慎便万劫不复，这是最考验他的意志与智慧的时刻。沉默了一会儿，苏武深鞠一躬说："单于，还望遵照约定，尽早归还被扣押的汉使。"

且鞮侯单于愈发倨傲，言语中明显流露出对汉廷的不屑，他说："一边是羊，一边是狼，羊生来就是要被狼吃的，狼今日不吃，是想等羊长得肥壮了再吃。"

且鞮侯如此狂妄的话语，完全出乎苏武的意料。苏武稳了稳心神，决定暂且不与他争辩了。

苏武出使匈奴之前，汉匈的关系持续紧张。汉廷一直想追击匈奴，将其赶进大漠深处。李广、韩安国、公孙贺、公孙敖、王恢、卫青、霍去病、赵破奴、李广利等人，先后率兵出征，打得匈奴难有立足之地，经常处于流离之中。而匈奴不论身处怎样的环境，都时刻觊觎着财富遍地的汉地，对肥沃的土地、精美的器物垂涎三尺。

在此背景下出使的苏武，可想而知心理压力有多大。如何圆满完成皇上交代的任务，是苏武每时每刻都在考虑的问题。

苏武心里明白：以自己及使团之力，是很难改变大汉与匈奴关系的。此次出使，只要顺利把郭吉、路充国等人护送回去，就算完成了任务。

苏武不再与且鞮侯单于争辩。

且鞮侯单于图口舌之快发泄了一通，已感口干舌燥，喝了一口奶茶，冷冷地说："我会派人护送你们回去的。"苏武悬着的一颗心终于落了下来。

无辜牵连

　　且鞮侯单于将扣押的汉朝使者交给苏武，打算送苏武一行返回。就在这个节骨眼上，发生了一件出人意料的事情——使团的副使，也就是出使之前被授予副中郎将的张胜，陷入了匈奴的一场内讧，惹上了麻烦。

　　匈奴内讧的事情，说来颇为复杂。

　　使团到达匈奴王庭后，正巧碰上缑（gōu）王与虞常等人在匈奴内部密谋起事。这次叛乱在整个汉朝使团中只有张胜一人知悉，苏武全然不知。

　　缑王是匈奴浑邪王姐姐的儿子。按说，他作为匈奴贵族，本应一心为匈奴做事才对，但因为与浑邪王关系亲近，受其影响，在浑邪王投降汉朝时，也随他归附了汉朝。

而后，匈奴贵族左大都尉也欲降汉，并计划在投降前刺杀单于。汉武帝对此事颇为谨慎，派缑王跟随浞野侯赵破奴率军出发，正面出击匈奴，为左大都尉在内部创造机会，确保刺杀成功。

汉武帝之所以对缑王委以重任，是因为缑王熟悉匈奴情况，便于相机而动。但匈奴方面早已得到消息，及时发兵改打赵破奴，导致左大都尉的计划失败，缑王被匈奴俘获，押到了王庭。

被俘的缑王，一直在找机会返回汉朝。机会来了，他认识了一个叫虞常的人。虞常是卫律的手下。卫律是从汉朝投降匈奴的，颇得且鞮侯单于的信任，被封为丁令王。虞常虽然是跟着卫律投降了，但由于母亲和弟弟都在汉朝，所以和缑王一样，一心想要返回汉朝。

于是，缑王和虞常联合了卫律的随从，约七十人，准备把且鞮侯单于的母亲劫持到汉朝，以便向汉朝邀功请赏。

这其实是一个漏洞百出的计划。

缑王有勇无谋。他和虞常身陷匈奴，犹如羊羔在狼群中，自保尚且困难，又何谈反击？

如果将缑王和虞常做一番比较，便不难发现，虞常起事的欲望，要比缑王强烈得多。虞常原为汉臣，到匈奴后，吃尽了苦头。后来，他成为卫律的部下，日子才略有好转。

卫律的祖上是西域人，其父早年携家带口投降汉朝，卫律自小在汉朝长大，和协律都尉李延年关系密切。后来经李延年向汉武帝推荐，卫律成为出使匈奴的不二人选，卫律从此进入汉朝官场。但当他出使任务结束准备返回时，却听闻李夫人（汉武帝宠妃，李延年妹妹）已经去世，李延年、李季两兄弟因罪被灭族。卫律怕受牵连，便潜逃出汉朝，投降了匈奴。他对匈奴死心塌地，能积极提供汉朝情报，后又伴随在且鞮侯单于身边，深得他的赏识，尽享荣华富贵。

巧合的是，苏武一行这时到了匈奴，其副使张胜是虞常的昔日好友，虞常觉得这支使团是有力的依靠，他一直盼望的除掉卫律的机会终于来了。

虞常私底下去拜访张胜。按说，两位昔日老友多年未见，身份迥异，应该没有太多话可说。但虞常因为急于起事，一见面便将张胜当成同道，欲拉拢他一同加入。他说："听说汉天子怨恨卫律，我虞常能为汉廷埋伏弩弓手，将卫律射死。我的母亲与弟弟都在汉朝，我还是希望返回汉朝。"

由此可见，虞常起事的目的，是想让母亲和弟弟在汉朝过得好一些，至少不要因为他受牵连，所以他必须冒风险、出狠招，才能达到目的。

像虞常这样身陷异域的人，始终在痛苦中挣扎，期望做出能引起朝廷注意的事情，以正名声，为自己赢得返回故乡的机会。但他们在匈奴身单力薄，纵然拼尽全力，舍命一搏，也未必能换得一丝希望。

虞常讲得眉飞色舞。他等待得太久，终于迎来了机会。他不再遮遮掩掩，胸中积压的阴郁和仇恨，似乎要化作火焰，把匈奴烧成灰烬。

虞常说："卫律手下有七十多名汉人，他们本不想投降匈奴，但因卫律已投降，他们没有了退路，便委曲求全，在匈奴过着屈辱的日子。"他向张胜保证，自己能把他们团结过来，那时候卫律将彻底陷入孤立无援的境地，可随意处置。

张胜一直不动声色地听着。

他在心里冷静地盘算着：虞常仅能联络七十余人，出其不意刺杀卫律，倒有几分把握，但想在匈奴起事，甚至从匈奴逃出去，无异于羊入狼口、沙入大河，最后的结局只能是一死。匈奴人会将他们的尸体剁成碎块，扔在荒野中让狼吃掉。

虞常慢慢冷静下来，他接着又对张胜说，他有一个撒手锏，那就是和缑王联手，先抓了且鞮侯单于的母亲再说。到了那时候，他和缑王说什么，且鞮侯单于就得做什么，不怕成不了事。在这一点上，虞常非常有把握，他知道且鞮侯单于十分孝顺母亲，这是他最大的弱点。

至此，张胜脸上才露出笑容，认为虞常的办法可行，他决定全力支持。

在这件事上，张胜有自己的打算。在长安接到出使的命令时，他才知道自己被授予副中郎将，其官职较之前大有提升。这件事让他觉得自己受到了命运的眷顾，升官重用，让他对仕途充满了信心。权力、财富、荣耀、幸福似乎都在前方等着他，只要再向前迈一步，这些便唾手可得。所以，他要为自己创造机会，而此次缑王和虞常起事，便是千载难逢的机会，他想借机大做文章。

张胜接下来的做法，更能证明他的野心。

他与虞常密谋后，并未向苏武报告。他有意避开苏武，既有担心苏武反对的因素，也有打算一人独占功劳的企图。他认为此事若能成功，自己的仕途势必会一片光明。有此念头，张胜也像虞常一样，被急功近利冲昏了头脑，不能冷静考量事态了。

此时的苏武，对张胜、缑王、虞常等人的密谋一概不知。从隐秘角落升起的阴影，正向他席卷而来。

一个多月后，缑王、虞常等人终于等来了机会。

且鞮侯单于准备率卫队亲兵外出打猎，只有一部分亲兵留守单于庭。

每年秋天，匈奴都要举行一场集群式的打猎。林中野兽经过一个夏天的生长，入秋后已长得肥壮，正是猎获的好时机。

匈奴的秋猎一般有两种形式。其一为真正的捕猎，是向大地要吃食；其二为掠夺，将他人的劳动成果据为己有。有时候，他们会像狼一样，南窥中原。匈奴人经常挂在嘴边的一句话是：秋高马肥，南下劫掠。所谓"南下"，指的就是劫掠中原。

且鞮侯单于在那个秋天的打猎，极有可能二者兼有，既要捕猎，也要进行一场掠夺。

单于要外出打猎的消息一传出，最兴奋的是缑王、虞常等人。他们暗中观察，且鞮侯单于带走了很多随从，留在单于庭且有战斗力的匈奴士兵少之又少。这让他们很高兴，军事上的危险系数降低，他们的成功几率便更大了。

同时，他们还得到一个好消息，且鞮侯单于的母亲和弟弟，也留在了单于庭。且鞮侯单于的母亲，是他们计划中的重要目标，只要拿下她，一切都会按照他们的计划进行。

还有一个让他们觉得胜券在握的原因是，且鞮侯单于的弟弟，看上去手无缚鸡之力，即使他守护在母亲身边，也构不成威胁，拿下他不成问题。

但是谁也没有想到的是，谋划起事的人中有人因为害怕，在当天晚上向且鞮侯单于的弟弟告发了这件事。

且鞮侯单于的弟弟得知消息后，并未声张，而是暗地里调动兵马，准备一举歼灭起事的七十余人。

双方都在不动声色地做准备，缑王、虞常等人以为自己运筹帷幄，必将取得胜利；且鞮侯单于的弟弟则悄悄调遣人马，就等着缑王、虞常等人前来。

缑王、虞常等人此刻还不知道前方的危险。他们本来给且鞮侯单于的母亲、弟弟设计好了剧情，但没有想到，自己并非这幕剧的导演！正所谓，螳螂捕蝉，黄雀在后。缑王、虞常二人率领七十余人刚接近单于庭，就被且鞮侯单于的弟弟指挥匈奴军队包围了。

那一刻，兴奋的缑王、虞常等人，仿佛顷刻间跌入冰窟，愣在了那里。包围他们的是数倍于己的匈奴士兵，弓已张满，刀已出鞘，只要一声令下，后果不堪设想。

急转直下的事态，犹如一记闷棍，一下子击晕了缑王。对他而言，不战是死，战也是死，胜败已成定局。他大叫着挥刀冲上前去，然而这不过是失去理智后的冲动，亦是绝望后的无奈挣扎。他尚未冲到近前，便被乱箭射死了。

虞常也被眼前的事态吓傻，愣在那儿一动不动，匈奴人一拥而上，活捉了他。

一场叛乱，就这样轻松被解决了。

听闻出了这样的事，且鞮侯单于便放弃了狩猎，匆忙赶了回来。

他弟弟已经将事情处理完毕，且鞮侯单于还是很生气，区区七十余人，就想在匈奴王庭闹事，也太不自量力了吧？

苏武此时才知道事情的来龙去脉，非常震惊。之前，因为张胜私心太重，只想一人从中捞好处，始终将事情隐瞒不报。现在缑王已死，虞常又被捉拿，张胜担心虞常会揭发他，那样他与虞常的密谋必将暴露，到时候且鞮侯单于会怎样对待他，实在无法想象。

他越想越害怕，不得不把实情告诉了苏武。

此刻，苏武既痛恨张胜的糊涂，又为那七十余人的性命感到担忧。张胜身为副中郎将，明知谋反之事是拿鸡蛋碰石头，但为了一己私利，居然拿这么多人的性命去冒险，真是罪不可赦。

现在怎么责怪张胜都于事无补了，苏武很快就冷静下来。他深知这件事情对整个使团的影响，甚至会影响汉匈关系。

大家都等着苏武拿主意。苏武思考了一会儿，说："事情到了如此地步，肯定会牵连到我们；单于一定会认为我们都是幕后策划者，谁都脱不了干系。也许会把我们抓起来，用最残忍的方法处死。即使这样，还是挽回不了给朝廷造成的损失，我实在是辜负了朝廷！"

说着，他就要伸手去拔腰间佩刀。张胜、常惠等人眼疾手快，赶紧制止了他。

大家都盯着张胜，目光中透出的愤恨之意，像石头一样狠狠砸在他身上。张胜无地自容，恨不得找个地缝钻进去。有些过错，一旦犯了，就再也没有办法弥补。大家只能在万分煎熬中等待单于处置。

且鞮侯单于已得到了确切的消息，此次叛乱，与汉朝使团的张胜有关。因为虞常受不了匈奴的严刑拷打，供出了张胜是他的朋友，但是虞常在最后咬紧牙关，没有说出张胜参与谋划了叛乱。

匈奴单于本来就不是真心同汉朝交好，在得知张胜和虞常的勾结后更加气愤，他立即把匈奴贵族召集起来商量，准备把汉朝使者全部杀掉。可是，匈奴贵族内部意见并不统一。有人认为，张胜只是鼓动谋杀卫律，死罪太重了；如果是他们要谋杀单于，那又该判什么罪呢？这时，有人说："不如先扣下他们吧。"单于觉得这话有理，就决定把汉朝使者全部扣留。

且鞮侯单于考虑到参与叛乱的人，尤其带头的虞常是汉人，便派卫律审理这一案件。卫律投降匈奴后，深受且鞮侯单于赏识，单于认为卫律是审理此事的最佳人选。

卫律到达使团驻地，宣布要对苏武进行审讯，苏武感觉一盆凉水泼在了头上。苏武对常惠等人说："如果侮辱了我的人格，玷污了我的使命，即使活着，我也没有脸再回汉朝了。"

说罢，他飞速从腰间拔出佩刀，抹向自己的脖子。

卫律当时就在苏武身边，他伸手想拦住苏武，但是慢了一步，眼睁睁看着苏武倒了下去。卫律扑过去抱住苏武，然后派人骑快马去找巫医来救他。

受张胜的牵连，使团陷入窘困的境地，苏武欲以死守护汉
廷的尊严。

匈奴的巫医不是单纯的医生，他们除了掌握一定的医术外，还肩负着向苍天祈祷、占卜、测算等事务。人们遇到把握不准或弄不明白的事情，往往求助于巫医的预测。卫律请的巫医到了以后，他在地上挖出一个坑，在坑中点燃煴（yūn）火（没有火焰的火），上面铺了一块木板，然后把苏武的脸朝下放在板上，一边慢慢地烤，一边轻敲他的背部，让淤血流出来。

过了好长时间，苏武才慢慢苏醒。

常惠等人把苏武抬回营帐，让他躺在羊皮褥子上养伤。他们轮流守在苏武身边观察。只要苏武还活着，使团就有人带领，大家就有主心骨。

且鞮侯单于听说苏武的举动后，对苏武的气节十分钦佩。他每天派人去探望苏武，同时下令逮捕张胜，将其送进了牢房。

宁死不屈

  且鞮侯单于认为，如果苏武不投降，就会让匈奴威风扫地。但是他又很为难，如果不杀苏武，就得把苏武放了，那他的颜面又将往哪里放？

  怎么办？

  且鞮侯单于思前想后，最后决定要用各种手段威逼苏武投降。他让卫律去完成这个任务。

  表面看来，且鞮侯单于似乎很器重卫律，其实不然。且鞮侯单于只是在处理与汉朝有关的事情时，才会派出卫律，让他全权负责。且鞮侯单于这样做的目的，一是因为卫律了解汉人，处理起来会更加得心应手；二是要让汉室知道，你们的人在我匈奴，要么一心忠于我，要么沦为阶下囚。

卫律能受且鞮侯单于器重，与他善于耍手腕有很大关系。在苏武被流放北海后不久，征和三年（前90），汉朝将军李广利在一场败仗后，投降了匈奴，向时任匈奴单于的狐鹿姑讲了很多汉朝的事情，由于他很主动，其地位便很快提高，比卫律的地位还高。卫律心里不舒服，决定除去李广利。

在遥远的西域，两个投降了匈奴的汉人，就那样展开了一场生死之斗。看来，即使当叛徒，还要去斗去争，否则，便当不成受重用的叛徒。卫律在匈奴中时间长，知道用什么办法管用。于是，他借狐鹿姑单于母亲生病的机会，买通匈奴的巫医，让巫医对狐鹿姑单于说，您的母亲生病是因为神发怒了，需杀贰师将军（即李广利）祭天，狐鹿姑单于信神，便听信卫律谗言，把李广利杀死当了祭品。

卫律不但善于耍手腕，还工于心计，善于使用恐吓手段。当时，他按照且鞮侯单于的意思，首先安排了一场会审。被审人是虞常和张胜，会审人是他和苏武。这是逼迫苏武的第一步，卫律要把起事原因一层层揭开，直逼核心。

且鞮侯单于想要的核心，并不是揪出幕后主

使，而是要找出汉使在匈奴故意制造事端的证据，到了那一步，将苏武等人或杀或囚，便如同鞭子下的羊，他想让其往东便往东，想让其往西便往西。当然，且鞮侯单于最想要的结果，是逼迫苏武投降，只要苏武投降，他便不杀使团中的任何一人。他之所以如此，是因为汉朝派出的使者皆为人才，若投降后为他所用，可顶匈奴的千军万马；再则，但凡一人投降，他便觉得是给汉朝的一次羞辱，那是远远超出战争的胜利。

卫律已考虑好了如何对付苏武。他先历数虞常的罪行，指责叛乱这样的事，其罪之大，杀十次也不为过。虞常深知自己死罪难逃，立在那儿一声不吭，一副任杀任剐的态度。

卫律宣布，虞常判处死罪。

拖走虞常后，卫律便把矛头指向张胜。他对张胜说："汉使张胜，谋害匈奴大臣，判处死罪。"但他没有忘记且鞮侯单于的指示，于是又把话题一转，说："单于说了，愿意投降的人，赦免其罪。"说着，举剑欲杀张胜，张胜赶紧跪倒在地，哭哭啼啼请求饶命。

其实，卫律只是做个样子吓唬张胜，他的目的是让他投降。此时的张胜，感觉自己犹如站在悬崖边上，哪怕一阵风吹来，就能让他坠落。为了保命，他只好投降。

　　苏武看到张胜的样子，心里又急又气。他作为使团成员，参与叛乱本已经是重罪，如今又投降了匈奴，让他回去如何向朝廷交代？但事已至此，苏武也毫无办法。

　　卫律见张胜投降了，就转向苏武，声色俱厉地说："副使有罪，你也应该连坐。"

　　苏武可不是贪生怕死的软骨头，他理直气壮地说道："我并没有参与谋划，又与他非亲非故，即使张胜犯罪，也株连不到我身上。"

　　卫律被苏武这几句话说得无言以对，于是他又故伎重施，举起了那口寒光逼人的宝剑瞪视苏武，意欲胁迫其投降。

　　但苏武面对卫律的剑，昂首挺胸，岿然不动。卫律见来硬的不行，只好收起宝剑，赔着笑脸，说："苏君，我卫律以前背弃汉廷，归顺匈奴，幸得单于大恩，赐我爵号，让我称王，拥有奴隶数万，牲畜满山，富贵如此！苏君你今日投降，明日也是这样。如果不降，白白受苦，又有谁知道你呢？"

苏武不为所动。

卫律见此情形，接着说："先生如果听我的，投降匈奴，咱俩就结为兄弟；如果今天不听我的安排，以后再想见我，就再也没有机会了。"

卫律越说越得意，苏武越听越恼火。他终于忍不住了，痛骂卫律："你本是汉朝的臣子，却不顾恩德义理，背叛皇上，抛弃亲人，在异族做投降的奴隶，我为什么要听你的话？况且单于信任你，重用你，让你手操大权，决定别人的死活，而你却居心不良，不主持公道，反而想在汉匈之间制造不和，挑起事端，这真是包藏祸心！"

卫律没想到苏武如此敏锐，一眼便将事情看得清清楚楚；他更没有想到，苏武犀利的言辞，几乎字字如刀子一般锋利，让他招架不住。

苏武又说："杀汉使的事在其他地方也发生过，他们都遭到了诛灭，唯独匈奴未受惩罚。你明知道我不会投降，却想在汉朝和匈奴之间再生事端。今日我誓不投降，哪怕被砍头也不害怕，但是我死了，匈奴的灾祸，将从杀我苏武开始。"

卫律无法应对苏武的指斥，失落而去。

卫律劝降不成，便到且鞮侯单于跟前告了苏武一状。卫律这个人城府很深，他遭受了苏武一番辱骂，窝了一肚子火，但他能忍，没有当场发作，回去后便琢磨出了要借且鞮侯单于之手，收拾苏武的办法。

且鞮侯单于听了卫律的汇报后，再次感到苏武不好对付。苏武虽然态度温和，但却善于不动声色地与他过招。这么几场较量下来，苏武虽然受制于自己，但自己也并没有占上风，这让他一筹莫展。

苏武受汉文化熏陶，表面看似温和，内心却十分坚执，但凡认定一件事，便百折不挠；且鞮侯单于打小在匈奴长大，无论是外表还是内心，都暴烈粗鲁，习惯用暴力方式处理事情。

且鞮侯单于认为，苏武已被囚禁在匈奴，就好像骏马被缚住了四蹄，鹰被折断了翅膀，想让他怎样，他就得怎样。在且鞮侯单于看来，即便是老老实实听话的羊，也随时会被狼吃掉，而苏武在他眼里比羊还柔弱，居然敢不听他的话？

他下了一个命令——把苏武囚禁起来。

执行且鞮侯单于命令的，还是卫律。此时的卫律，终于出了一口恶气。他得意地想，你苏武不是油盐不进，连死都不怕吗？现在好了，没人让你死，但是却要让你过一种被奴役的日子，一天一天地磨你、熬你、耗你，看你能撑多久？

苏武临危不惧，跟着卫律就走。他虽然没有说一句话，但是他的动作、他的表情，以及他的眼神都在说：我人在你们手里，你们要杀要剐，随便！其实我早就想死呢，你们杀我，算是成全了我。

苏武所想所思，卫律清清楚楚，所以他不会让苏武死。

为了防止苏武自杀，卫律打算把他囚禁在破地窖中。卫律事先已观察过，那个破地窖徒然四壁，苏武被关进去，没有可用于自杀的工具，只能老老实实地在里面待着。至于什么时候放他出来，就要看且鞮侯单于的心情了。很有可能到最后，苏武会变成大地窖中的一堆白骨，被尘垢层层淹没。

卫律高高兴兴地回去复命，他觉得自己立了一功。

苏武抱着那根旄节，一声不吭地进入了破地窖。

当时的游牧民族，在夏天可住霍斯（毡房），到了冬天，则住地穴，可避开严寒和大雪。

苏武待的地窖条件简陋，匈奴人只扔给他一件毛毡，就封死了顶盖。苏武一声不吭，默默地坐在地窖中。他对这样的遭遇早有思想准备，所以地窖中的寒冷、卫律对他的折磨，他都能忍受。他很清楚，匈奴人就是要借助恶劣的环境威逼他，如果他意志软弱，不能忍受艰苦，就会屈服于匈奴，甚至有可能投降。不，绝对不能让自己的意志滑坡，绝对不能让匈奴人的计谋得逞。

到了吃饭的时间，丝毫没有动静。苏武内心弥漫过一阵酸楚，看来匈奴人不会给他饭吃了。苏武断定，此乃匈奴人威逼他的又一个手段。匈奴人料定饥饿会打败他，他会为了一口吃食，屈膝弯腰投降吗？不，哪怕饿死，也不能向匈奴人低头，一旦低头就前功尽弃，不但毁了自己，也毁了朝廷的尊严。

苏武在那一刻又想到了死，内心反而变得轻松。先前两次都没有死成，现在一个人在这个大地窖中，再也没有谁能拦得住他，他打算就这样把自己饿死。

熬了两三天，苏武腹内如同火烧，饥饿在激烈地撕扯着他，让他没有力气挪动一下身子。他昏睡一阵，醒来才发现下雨了。雨水从顶盖漏下，打湿了窖底，他因为一直躺着没动，身上便被濡湿。匈奴所在地蛮荒僻远，一场秋风过后，冬天便像扑过来的野兽一样，迫不及待地蹂躏着大地。等到又一场风起，却已经不是秋风，而是夹杂着秋雨的寒风了，让他在地窖里也不禁寒战连连。

苏武想，如果不出事，使团此时应该已回到长安了，但谁也没有想到张胜一时糊涂，惹下那般祸端，导致使团一行被囚禁在这蛮荒之地。苏武不知事情会怎样发展，也不知要过多少天，才能在地窖中饿死。那一刻，苏武并不为死亡恐惧，却为突变的命运感到绝望。

风从大窖顶上灌下，雨水落到他身上。他挣扎着挪一下，把身体移到干一点的地方。这样一折腾，他感觉更饿了，身子一软又靠在了窖壁上。此时，他动与不动，身上湿或不湿，都已不重要了。

突然，苏武不想死了。他觉得死是一种耻辱，与被匈奴打败无异，而如果他活下去，继续与匈奴对峙，岂不是更有意义！

至此，他已看得很明白，死要死得其所，生要顶天立地。这是苏武的性格使然，他做人，就要做一个知恩图报，忠君孝廉之人，这是他的信条。而忠，可以用死践之，亦可以用生践之。到了现在这种地步，不降、不死，就是最大的忠。

这么一想，苏武全身的寒意被驱赶了出去，一下子热了起来。其实大窖中还是那么冷，而他的血液却因信念而沸腾起来。现在，他觉得浑身充满了力量，于是将那根旄节紧紧抱在怀中。旄节就是他的希望，它不倒，他对朝廷的忠心就一直存在。

果不其然，匈奴人确实是断绝了他的供给。匈奴人知道这样下去，苏武会被饿死，但是他们在赌，赌苏武在即将坠入悬崖的过程中，其意志逐渐瓦解，心灵被巨大的恐惧笼罩后也许会放弃原先的信念，听从他们的指挥，乖乖地为他们做事。但是他们不会想到，苏武这时候内心已经发生了巨大的变化，他要与他们死磕到底。

又过了不知道多少天，下了一场大雪，密集的雪花从窖顶缝隙落下，在大窖中积了厚厚一层。雪给他带来了希望，他决定嚼雪充饥。他知道雪当不了食物，但为了不让自己绝望崩溃，他决定还是硬着头皮吃。

他已浑身无力，连坐起来也成了奢望。他艰难地伸出手，抓起一把雪塞到嘴里。一股冰凉润湿感弥漫在口腔中，带来已感觉很遥远的咀嚼感。等将第二把雪塞入嘴里，他仅仅咀嚼了一下，便咽了下去。喉咙及食道都体验到了被滋润的感觉，亦让他体验到了幸福感。真是感谢上苍送来了雪，他就那样不停地嚼着雪，因为肚子被填充，真的不饿了。

他躺在地窖中，感觉还是活着好。才刚刚入冬，这是第一场雪，往后还会有更大的雪，他不愁没有吃的。

但是他很快就饿了，而且是那种肚子受到刺激后来势汹汹的饥饿。至此他才意识到，嚼雪解决不了问题，哄得肚子一时，却不会长久，一旦它恢复了对食物的记忆，如果不及时吃东西，是没办法挺过去的。

无奈之中，苏武扭头看见了匈奴人扔给他的那张毡子，上面的毡毛掉了，就在地上堆着。他突发奇想，把毡毛吞进肚子，也许可压住体内一阵强似一阵的饥饿。

主意已定，他抓起毡毛，与积雪一起吞下。毡毛没有任何嚼头，只是一团软绵绵的毛织物，滞涩又塞牙，他刚嚼了一口，便感觉牙缝里塞满了羊毛。他一狠心，将整团毡毛咽了下去。很快，他便觉得肚子里舒服了一些，已然不饿了。

就这样，苏武靠着嚼雪吞毡毛，坚持了下去。

数日后，匈奴人以为苏武已死，等他们把地窖打开，却看见苏武完好无损地在大窖中，正用蔑视的眼光看着他们。

苏武多日无食，居然不死！

消息传到且鞮侯单于耳中，他颇为吃惊。苏武这么多天一口食未进，一滴水未喝，为什么没有被饿死？且鞮侯单于认为唯一的原因，就是神在帮助苏武。否则，一个凡人，怎么可能空腹活这么多天？匈奴敬神，一旦认为有人被神帮助，就会远远

被囚禁在窖底的苏武，靠着吞食积雪与毡毛顽强地活了下来。

避开，唯恐因为自己不慎，遭到神的惩罚。对神的崇拜，被匈奴奉为至高真理，遇事常常自觉遵守，并付诸实际行动。

但是神只能影响他们的意念，并不会告诉他们明确的行动指南。平静下来后，他们面对的仍是苏武这个活生生的人。且鞮侯单于再也找不出征服苏武的办法，遂赌气下令，将苏武放逐到荒无人烟的北海边。临行前他对苏武说："等公羊生了小羊，你就可以回汉朝了。"同时，他又下令将常惠和苏武的随从等人，分别发配到另外的地方。

苏武抱着那根旄节，赶着羊群迎着风雪，向北海走去。

北海牧羊

北海是中国北方部族主要活动地区，即今日俄罗斯的贝加尔湖。

苏武到达北海后，才发现那里的环境之恶劣，远远超出了他的想象。他以前只知道北海是一个大湖，他到达时正值寒冬，完全看不到湖的边际，天地间似乎只剩下无垠的冰原。且鞮侯单于是下了狠心的，北海边确实没有一个人，更没有任何生活必需品，他自己一个人能否在这里生存下去都是个很大的问题。

押送苏武来的匈奴士兵，把几只羊拴在一棵树上，皱着眉头看了看四周，然后转身离开了。

苏武孑然立于雪地。现在他要独自在这里生

存，一切都要靠自己，如果他能够建造出房屋，就不会被冻死；如果能够猎捕到足够的猎物，就会捱过饥饿。他暗下决心一定要扛住，如果他被冻死或饿死，就相当于失败了，且鞮侯单于想要的就是那样的结果。

那几只羊对着他咩咩叫，它们也已经意识到，跟着这个表情阴郁、怀抱旄节的人到了这里，恐怕也难以活下去。

那几个匈奴士兵离开后，再也没有回来。苏武感叹，在这无一人可求，无一物可食，无一路可逃的北海，捱不了几天就会被饿死。他还断定，且鞮侯单于之所以选择在北海对他下手，是因此地八面荒远渺无人烟，便于封锁他被饿死的消息。

苏武放下旄节，马上便去捕猎，希望能从雪地里逮一只兔子，实在不济捉一只老鼠，也能解决饥饿。但是什么也没有，大雪迫使所有动物都迁徙去了别处，天空中没有一只鸟飞过，地上没有一只走兽游走，茫茫大雪让大地变得死寂一片，除了他的影子，再也没有活物。他绝望得大喊，然而翻卷的风雪却淹没了他的声音。那种残酷和沉闷，似乎在告诉他，北海的冬天不容许人生存，你留下只能是一死。

苏武不放弃，继续在雪地里寻找，捕不到动物，哪怕找到果籽或可食的草根，也能勉强对付一下。他的运气不错，无意间发现一块石头下有一只老鼠，于是便张开双臂猛扑上去。但是老鼠十分警觉，一下子蹿了出去，在雪地上留下一串爪印。他移开石头，想看看石头后面会不会有鼠窝，却惊喜地发现老鼠在石头下储藏着一堆草籽。

真是天无绝人之路，就在他快要崩溃时，一堆草籽不但解决了他的饥饿，而且强有力地支撑了他的意志，在那样的时刻，他下定决心——活下去，一定要活下去！

为了朝廷，要活下去。

为了与匈奴对峙，也要活下去。

为了证明自己，更要活下去。

苏武不论是牧羊，还是睡觉，都紧紧抱着那根旄节。他的使者官服已经破烂不堪，整个人面目全非，只有那根旄节仍可证明他的身份。

这样一想，苏武的心情好了很多，感觉就像是与对手苦苦搏斗一番后，终于获得了胜利一般。

接下来，他继续寻找老鼠储藏的草籽。

感谢上苍，北海一带居然有不少老鼠，而且它们储藏了那么多的草籽。苏武或搬开岸边的石头，或向地穴深处掘进，每每都收获颇丰。

靠吃草籽，苏武就这样一天天坚持了下去。

北海的冬天有两个特点，一个是风大，另一个是雪大，大风挟裹的飞雪扑到人脸上，会像刀扎一般生疼。好在那一带林木茂密，苏武费了不少功夫，在北海边建了一座房子。他将枯死的树木运回，在房子里生起火，房间开始暖和起来。在那之前，他初来乍到，感觉死亡会随时来临。但随着有了房子，储备了充足的草籽，以及柴火燃起的温暖，他终于有了活下去的信心。

天气好的时候，他会出去放牧，让那几只羊吃草。食物的短缺让他已瘦得脱了形，而那几只羊则是近在眼前的肉食，他如果宰杀一只，烤熟吃上一顿，该是莫大的幸福。但是他不能那样做，说不定匈奴随时会来查看他的情况，如果发现他宰杀了羊，就会抓住把柄，大作文章。他的声名会毁于这次口腹之欲。那几只羊不但不能宰杀，而且还不能出现意外，否则也会被匈奴抓住把柄。

如果下大雪刮大风，他便将那几只羊赶进屋里，让它们也暖和一下。长时间的朝夕相处，这几只羊俨然已经成为他的朋友，他的家人。

牧羊是轻松的活，但他怕羊走失，从来不敢掉以轻心。每天出去，他都抱着那根旄节，羊吃草时，他坐在石头上抚摸旄节，不由得会想起以前的生活。但只是想想而已，如今身处冰天雪地的北海，以前的生活已感觉恍若隔世。

这里虽然没有匈奴人来打扰，但寂寞孤独是另一种敌人，它们的攻击更加凌厉，如果他忍受不了寂寞孤独，同样也会变成失败者。

为了排遣孤独，他有时候对羊说话，也对羊唱歌。时间长了，羊似乎能听懂他的话，也喜欢上了他的歌声。

冬天的北海边没有草，为了让羊吃上草，他走很远的路，带着它们到北海边的森林里，或者离湖岸很远的草滩。没过多长时间，他明显感到它们肥了，身上变得圆乎乎的。他不禁感叹，在这样的地方，羊比人好活。

冬去春来，大地复苏。苏武在北海的第一个冬天，终于熬过去了。这里一入春便积雪消融，小草发芽。这时候，苏武会去山上挖野菜。北海四周的山上森林茂密、植被繁多，所以他经常能采到野菜，一顿吃不完，就滤干水后晒成干菜，以备冬天食用。到了秋天，树上的野果熟了，他便采摘回去慢慢享用。

除了挖野菜和采摘野果，他还利用自己在朝廷时管理猎具的经验，用树枝、石头、棘刺等制造了捕猎工具，并利用放牧的时间，练就了一套过硬的捕猎技术。一开春，森林里的兔子、黄羊、野鸡、鹿、狍子等等，都会出来觅食，他便拿着猎具出去捕猎。

当然，他打猎的目的是为了过冬，所以捕来的那些猎物，会挂在树上风干。有时候，他还能在林子里拾到鸟蛋，也会储备起来。甚至他还制作出一只简易的木头筏子，以便捕鱼。

储存草籽、野果，挖野菜，打猎，捕鱼……苏武为了活下去，想出了各种办法。

苏武在北海牧羊，眼望故国的方向。

收获友情

不知不觉，苏武在北海已度过了五年岁月。

苏武头发很长，经常被风吹得乱飞，露出枯瘦的面庞。因为常年食物供应得不到保障，他十分清瘦，也显得十分苍老。他脸上没有任何表情，看上去是一个无悲亦无喜的人。他出使时穿的那件官服，早已变得破烂不堪。他想起曾看到匈奴人穿兽皮衣服，于是便把猎捕来的动物皮剥下来做成衣服，穿上后不但耐磨，而且暖和。

那几年，他便一直穿着兽衣牧羊，身上已无一点中郎将的影子。昔日荣光已成幻影，他也已经很久不去回忆曾经的生活了。

又一个冬天过去了。春天时，苏武像往常一

样，正在山坡上牧羊。突然传来了马的嘶鸣声，接着便是一阵密集的马蹄声。他好多年没有听到马的嘶鸣了，一时没有反应过来，直到一群人骑着马出现在他的视野里，他才知道有人来了，而且不少，有近百人。

那群人老远便看见了苏武，于是纵马径直向他飞奔过来。待走得近了，苏武看清是一群匈奴人。那一刻，苏武心头一紧，以为是且鞮侯单于派人来杀他了。这样想着，他反而不害怕，他已经和匈奴对峙了五年，虽然公羊没有下小羊，但他没有倒下，那根旄节始终被他抱在怀里，如果此时他被杀了，并不算是失败者。

有时候他会凝神注视那根旄节，上面的毛虽然早已掉光，只剩下一根光杆，但因为被长期抚摸和拥握，泛着明亮的包浆色。这是他五年的岁月见证，更是他对自己的证明。

但是，这群匈奴人不是来杀他的。领头的是且鞮侯单于的弟弟於靬（wū jiān）王，他们是来打猎和捕鱼的。且鞮侯单于已于一年前死去，继任的是且鞮侯的儿子狐鹿姑。

於軒王来之前就听说在北海边有一个叫苏武的汉人，五年前被流放到这里。

现在且鞮侯单于死了，但是狐鹿姑单于仍然坚持流放苏武。

让於軒王没想到的是，北海边仅有苏武一人，然后就是简陋的房子，以及挂在树枝上的风干肉。至于苏武本人，仅从外表和装束上看，已无法判断他是匈奴人还是汉人。他穿着泛着油光亮色的兽皮衣服，已经完全成了一个野人。

在那一刻，於軒王很是吃惊，以苏武一人之力，居然在北海这不毛之地生存了五年，简直是不可想象的奇迹。

於軒王走到苏武跟前，看见苏武紧紧抱着那根旄节，十分困惑，无法理解。他不明白一个身处孤独境地的人，将一根旄节死死抱在怀中，有什么用呢？

后来接触多了，於軒王终于知道，那根旄节代表的是大汉王朝，苏武抱着那根旄节，就等于他一直不曾放弃自己的使命。

於軒王参观了苏武的房子，发现苏武的生活用具非常简陋，譬如有凹槽的石头，被当作吃饭的碗；有尖利刃口的石片，被当作切东西的刀；有韧性的藤条，被当作绳子捆绑东西；有斜枝的树干，被用于挂东西；方形的石头或树桩，被用作"凳子"。就是这些生活用具，陪他度过这一天天孤独的生活。

於靬王进了苏武的简易房子，发现里面生着常年不熄的火。

於靬王慨叹，这可真是他见过的最简陋的生存条件。

於靬王带来的东西，包括吃的、用的，以及打猎用的器具，在北海边堆成了山。他手下的匈奴人没用多长时间，就搭建好了穹庐（毡房）的木质架子，然后用绣有彩色图案的围毡，将木质架子围起来，再加固拉紧。穹庐的顶部有活动的天窗，天黑或雨雪时，用绳子一拉便有一块布盖住天窗；到了天亮或天气好的日子，将那根绳子拉到另一边，天窗便又露了出来。

於靬王带来的食物，是苏武五年来未吃过的佳肴，有牛奶、羊奶、牛肉、蔬菜和水果，甚至还有调料、做饭的精美器皿、吃饭的餐具等，这些东西唤起了苏武久已模糊的记忆，亦让他感觉到些许失落。以前他是朝廷官员，吃穿用度皆非常人能比，到北海后一下子落到最原始的地步，钻木取火、啮雪吞旃、挖掘草籽、狩猎捕食等。

於軒王扎下营后，便开始派人着手整理打猎的弓弩、箭矢等器具。他对政治不感兴趣，有大量的时间可以打发，所以他将在这里度过一个夏天，其中最重要的一项活动，便是狩猎。

於軒王每次打猎回来，不是马病了，就是网破了，要不就是弓弩出了问题。然而他此次来得匆忙，没有携带工匠，这让他一筹莫展。

正当他发愁时，就听得苏武在旁边轻轻说："让我试试。"苏武很快帮於軒王修好了其中的一副弓。於軒王很高兴，没想到这个沉默寡言的人，却有这样的本事！

苏武在朝廷时管理过猎具，所以对于这种活，他当然轻车熟路。

匈奴人在苏武的带领下，很快修复了弓弩猎具。他们不仅打到了很多猎物，又驾着木筏进入北海，

在北海边，苏武与於靬王一见如故。

捕到了很多鱼，当晚就吃到了一顿丰盛的鱼宴。

於軒王大为高兴，给了苏武很多衣服和食物。二人成为好朋友。

於軒王等人在北海边待得很高兴，决定要继续待下去。

此时的苏武，与於軒王相处甚欢。於軒王之所以留下来，或许与苏武有关；或许是因为作为匈奴贵族，回到匈奴王庭所在地，多少会有一些烦心事。但在北海边就不一样了，每天睡到自然醒，然后或打猎，或捕鱼，着实是逍遥快活。

就这样过了三年，於軒王一直住在北海边，过着自由自在的日子。按说，於軒王是匈奴贵族，苏武是被流放者，由于地位和身份的悬殊，二人本该很有距离，但於軒王在苏武面前不在意自己的地位和身份，反之很欣赏苏武，所以他更乐意和苏武待在一起。

可以想象得到，因为於軒王的照顾，苏武的生活在那几年大有改观，吃得好，穿得暖，住得舒服。

按照《汉书》记载，苏武在匈奴十九年后返回汉朝，至年迈，汉宣帝见其可怜，问左右群臣，苏武可有后人？苏武听到消息后，托平恩侯向宣帝陈述：以前在匈奴流放时，娶的匈奴妇人生过一个儿子，名字叫通国，有消息传来，通国希望通过汉使者把他赎回长安，与父亲团圆。汉宣帝应允，派使者将通国赎了回来，后让他做了郎官。可以推测，有可能是於靬王觉得苏武过得太苦，于是派人挑选了一位匈奴女子，为苏武成了家。

但好景不长，三年之后於靬王突然患病，卧床不起了。

北海乃苦寒之地，苏武在北海已近十年，身体早已习惯这样的极度寒冷，但於靬王一直生活条件优渥，体质不如苏武强壮，也许一个突变的天气，或一场猝不及防的风寒，就会将他击倒。

苏武听到消息，赶到於靬王的大圆顶毡房内，见於靬王躺在皮褥子上。他的气色很不好，脸色苍白，像是好几天没有吃饭一样。放在他身边的碗里盛满了湩马酒（马奶酒），还有羊肉等，他却没有动一口。

苏武愣在那里，内心产生了不祥的预感。

於靬王身体一天不如一天，匈奴们想把他抬回匈奴王庭去，但又怕在路上出现意外，于是便只好在这里等着期盼於軒王病情好转再启程。

苏武看望过於軒王多次，每次回来都只觉他的病情更加严重。於軒王已病入膏肓，散发出了一种死亡逼近的气息，让苏武心中为之颤抖。於軒王每每与苏武对视，虽然不说一句话，但互相都懂得。

一天，於軒王突然精神焕发，神志清醒，能吃也能喝了。他让人把苏武召入毡房内，与苏武说了一会儿话，然后特别交代，他要将圆顶毡房、马匹、牛羊、餐具、酒器等等，全部送给苏武。

苏武闻之一惊，看来於軒王精神焕发是回光返照，他意识到自己时日不多，便早早安排了后事。

果然，於軒王对苏武说完话后，说累了，想睡一会儿，再也没有醒来。

这位匈奴贵族，或许是被地位、权力、名利、家族等纷争弄得焦头烂额，所以才躲到了北海，想过几天自由自在的日子，但是一场疾病就让他送了命，匆匆走完了短暂的一生。

对苏武来说，这三年多的岁月，因为有於軒王的陪伴，他才活了下来。如果没有於軒王，他不敢想象自己能否活到现在。

於靬王死后，他的手下按照匈奴的规矩，对他举行劓（lí）面和剪发。於靬王被放入挖出的土坑中，匈奴人排成长队，一边向於靬王的遗体走来，一边从腰间抽出了长短不一的刀。匈奴们的身份不一样，身份高贵者在腰间挂着径路刀，身份卑微者在腰间挂着一般的弯刀。他们看了一眼於靬王，抽刀高高举起，然后刺向额头，鲜血立即流了出来，但他们在等，等更多的血流出来。终于，他们的脸上有了很多血，看上去像蒙了一张红布。他们向於靬王低下头，让自己脸上的血滴下去，滴到於靬王尸体上，然后离去。

这就是匈奴古老的祭祀仪式——劓面。

接着，又进行剪发仪式。匈奴们的刀还没有入鞘，顺便把头发割断，握在了手里。他们再看一眼於靬王，把手里的断发扔到他身上。匈奴认为人的灵魂在头发上，把自己的头发割断放到死者身边，也是追随死者的意思。

剪发仪式结束后，匈奴们开始号哭，风很大，匈奴的哭声却盖过了风声。号哭仪式结束后，匈奴人抹去泪水，然后从身边拿起一支支长竿。长竿顶端都雕有不同图形，这就是所谓的"竿首"，竿首也是祭祀的一种仪式，在劈面和剪发之后进行。

苏武看见，竿首有盘羊头形、鸟头形、鹿头形、狼头形、虎形、卧马形、鹤头形和羚羊形，都是匈奴们在这几天用木头刻出来的。

匈奴们举着竿首，围绕祭坑狂舞，嘴里喃喃自语。过了一会儿，他们引吭高歌，高举竿首，似乎要把竿首举到撑犁（即"天"）中去。悲伤不见了，匈奴们狂欢起来。最后，匈奴们累得倒下去，却还在笑。他们这样笑着，似乎曾经的首领於靬王，在他们的欢笑中，踏上了去另一个世界的路途。

匈奴们把竿首扔到於靬王身边，往祭坑中填土。很快，土填满了，於靬王永远消失了。

於靬王死后，他的手下很快便都撤离北海，苏武又重新回到以前那种孤单的生活中。

那几只羊还是他朝夕相处的好伙伴，他想说话的时候就对着它们说，看着羊的眼睛，苏武觉得羊似乎已经懂得了自己的千愁万绪。

很快便又入冬，一场大雪后，便再也没有停。苏武虽然孤苦，但已经习惯。寒风卷着雪花吹打在他身上，他仍握着旄节，久久向南而望。这是他十余年一直保持的姿势，这是在望长安、望故乡、望亲人，虽然没有回去的机会，但这个姿势似乎已成他的习惯。此时的北海已经不像最初时那么荒凉了，或居住，或打鱼，或放牧於轩王送给苏武的牛羊马匹。

不幸的是，入冬不久，他的羊全部被人偷走了。这些年，羊与他形影不离，是唯一可让他得到安慰的伙伴。发现羊群丢失的那个早晨，地上有厚厚的雪，偷羊的人趁着夜间雪大，才能顺利得手。当苏武发现羊圈中不剩一只羊，悲痛欲绝。

这又是命运的重重一击。

苏武握着旄节的手，暴起显眼的青筋，甚至那根旄节都被他握得隐隐发出声响，但他最终还是默默松开，无奈地转过身，低着头返回住处。

从此以后，苏武变了。

以前的苦难遭遇，他觉得有使命在支撑着自己，所以他内心有力量去抗争。但是这次不一样，他感觉身后空无一人，他好像失去了抗争的勇气。

无羊可牧，苏武陷入了更深的孤寂中。

是谁偷了苏武的羊？

起初，他认为是丁令人干的，因为丁令人离他不远。但他很快否定了自己的怀疑。丁令人如果要偷他的羊，早在他刚来北海时就偷了，何必等到现在？他断定偷羊群者，绝非是出于一己私利，而是另有原因。

让苏武坚信丁令人不会偷他羊群的原因，是因为当时的西域人，但凡要占有他人之物，绝不采取偷窃的方法。西域人认为偷窃迟早会暴露，就像在阳光下藏不住影子，在石头上栽不活树木一样。在当时，很多王国或部落都有惩罚偷窃的法律。譬如匈奴，对偷窃者会牵连全家，其罪行轻者砸碎膝盖，意为再也不让其迈动去偷窃的步子；罪行重者，则会被砍头。匈奴、乌孙和月氏等，都将有偷窃行为的人视为最下等的人，乃至于延续到后来的蒙古族人，仍认为偷窃是耻辱的行为。

正是有如此严厉的约束，西域各部落的人才不会去偷窃。

他们虽然不偷，但却会去抢。在匈奴，人人都认为劫掠异族或其他部落是光荣的。每当秋高马肥，便是匈奴人南下劫掠的时机。匈奴认为公开抢夺是与别人共享草原物产，而偷窃却是耻辱的，他们从来不做那样的事情。

如此衡量一番，苏武觉得偷走他羊群的，应该不是丁令人，既然偷窃是耻辱，抢是光荣，为何丁令人不明目张胆地来抢，反而悄悄偷走了他的羊群？

苏武怀疑偷他羊群的人，是受狐鹿姑单于指使，来断他后路的。

但是他很快又否定了自己的猜测，狐鹿姑是匈奴的单于，一群羊对他来说是小事，他不会为这样的事操心。

想来想去，苏武认为此事与卫律有关。卫律屡屡劝苏武投降，但都以失败告终，所以他在内心一直恨着苏武，认为他之所以没有功劳，正是苏武这样的"硬骨头"挡了他的道，让他无法实现心中计划。于是乎，他便要断了苏武的路，让他活不下去。苏武的预感很准确，那件事就是卫律干的。卫律此时已被封为丁令王，是他派人盗窃了苏武的羊群，使苏武陷入穷厄。他希望苏武也投降，与他一起分担天下人的羞辱和责骂。

卫律之所以要害苏武，无非出于以下几个原因：其一，报复苏武，让苏武陷入孤独无助的境地。先前，苏武一直坚持不投降，在国家民族大义与个人德行方面，苏武的高大，反衬了自己的卑琐。

其二，欲借狐鹿姑单于之手，杀了苏武。羊群全部丢失这件事，会授狐鹿姑单于以把柄，他极有可能以此为借口杀了苏武。这是卫律的最大目的。

其三，摧毁苏武意志，逼他投降。卫律没有想到苏武能在北海这种蛮荒之地生存下来，而且，貌似还越活越好。卫律觉得苏武的存在对自己是无形的威胁，所以要从精神上摧毁苏武，在现实中把他一步步逼向死角，让他再也无力相抗。

苏武虽然高度怀疑是卫律所为，但并没有有力的证据。况且，即使有证据又能怎样呢？苏武只能在黑暗中独自叹息，任冰冷的雪花，一层一层覆盖在身上。

李陵劝降

又过了几年，於轩王留下的衣服，苏武已经穿破，于是他又穿上兽皮衣服，像一个野人。

一个大雪天，飘飞的雪花中出现了一个熟悉的身影，待走得近了，他认出是李陵，他昔日朝中的同僚。李陵是汉朝飞将军李广的孙子，曾经与苏武同为郎官，且私交甚好。

李陵的到来，让苏武十分震惊。为什么李陵会出现在这里？难道他投降了匈奴？

苏武猜得没错，在他出使匈奴的第二年，也就是公元前99年，他被放逐北海后，李陵带兵攻打匈奴大败，投降了匈奴，如今已成为匈奴的右校王。在苏武的追问下，李陵讲述了他投降匈奴的过程。

苏武被匈奴扣留的消息传到汉朝以后，汉武帝震怒，决定派兵攻打匈奴。汉武帝让李陵去担任李广利的西征军后勤，年轻气盛的李陵一看有仗打，便自请独当一面，率五千人马直接和匈奴交战，以减轻西征军开拔的压力。但他不知道前面有数倍于他的匈奴兵，以致他在深入匈奴腹地后，被包围了起来。但李陵终不认败，与十万匈奴作战数日，亦不撤离。后来，李陵退入沼泽地，匈奴在外用火攻，李陵命士兵在里边放火，将芦苇烧掉，外面的火便自行熄灭。

　　匈奴害怕这个青年人了，尤其是当他们得知他是飞将军李广的孙子时，以为李陵是神，遂打算撤退。但李陵运气不佳，偏偏在这节骨眼上，一名部下投降了匈奴，向匈奴供出李陵外无援兵内无粮草的情况。一子落错，全盘皆输，这个叛徒改变了一支军队的命运走向，也导致李陵从此走上了另一条人生道路。匈奴复又杀来，李陵终因箭矢已尽、粮草已绝和援兵不到而大败，他本人亦被匈奴俘虏。

　　匈奴劝李陵投降。李陵左思右想，决定假意屈服，以图日后获得机会东山再起。这是一步无可奈何而为之的棋，一旦他投降了匈奴，人们就会将他视为叛徒，家人也会将他视为家族的败类，他日后能不能东山再起两说，但他的名声却先坏了，尤其是李陵这样的名将之后，走这一步就更难了。

投降匈奴后不久，一件意外的事再次把李陵推向命运低谷。匈奴中有一个叫李绪的汉朝降将，他死心塌地投降匈奴，一门心思给匈奴训练军队，李陵看不下去，想找个机会除掉李绪。但他还未动手，一个阴差阳错的消息却传到汉武帝耳中，有人误把李绪说成李陵，说他在帮匈奴训练军队。汉武帝大怒，诛灭了李氏家族，李陵的老母与妻子儿女在长安街头被斩首。

在匈奴苦苦期盼着东山再起的李陵听到了这个消息，如遭晴天响雷，止不住泪如雨下。事到如今，李陵崩溃了——我李氏家族世代为朝廷效命，朝廷却让我们代代受屈，我为何还要忠于你？

李陵的家族历史，说来让人痛心。他爷爷是飞将军李广，被称作"李广才气天下无双，自负其能，数与虏敌战"。如此战功赫赫的飞将军，却没有封侯，六十多岁仍出兵征讨，因军中没有向导而迷路，导致没有参战，后受不了这样的屈辱，自杀于大漠中。司马迁总结李广的一生时说：李将军朴实无华，不善言辞。他死的那天，天下无论认识与不认识他的人都衷心为他哀痛，可见他的忠贞之心多么令人崇敬。卫青指责李广乃出于军纪，并非因其不讨好自己。

李广自杀后，官至丞相的堂弟李蔡侵占景帝陵园前大道两旁的空地，因而获罪，应送交法吏查办，李蔡不愿受审对质，遂自杀，其封国被废除。

李广的三儿子李敢以校尉官职随从骠骑将军霍去病出击匈奴左贤王，奋力作战，夺得左贤王的战鼓和军旗，斩杀很多敌人，因而被赐封关内侯的爵位，食邑二百户，接替李广任郎中令。不久，李敢怨恨卫青使他父亲饮恨而死，打伤了卫青，卫青把那件事隐瞒下来，没有张扬。但卫青的外甥霍去病却年轻气盛，要为其舅舅报仇。过了不久，李敢随从皇上去雍县打猎，同行的霍去病，射死了李敢。霍去病当时正值显贵受宠，皇上就隐瞒真相，说李敢死于鹿的撞击，让李家人深感耻辱与痛苦。

　　家族的冤屈减少了李陵投降的内疚，想在边疆立功，振兴家族的理想随之破灭。他知道，一个人在复杂官场中去追求理想，有几人能够成功？我李氏家族代代积怨的原因就在这里，现在，让我做一次彻底的了结。

　　李陵索性真的投降了匈奴。

　　他心中的郁闷无处排解："那些争权夺利、陷害忠良的奸佞臣子为何能身居高位，立于庙堂？"我李家世代忠良，从爷爷李广开始，却没有一个人落得好下场，朝廷啊，我们对你忠，你却对我们不义，我们这样卖命图什么呀？

　　在匈奴，且鞮侯单于封李陵为右校王，将自己的女儿许配给他，这样的生活是李陵从未想到的。妻儿和母亲被朝廷斩杀，他在异域娶一个匈奴女子为妻，好歹算是有个家，至于右校王这个官职，李陵心里是不怎么在乎的。他的根还在汉朝，他骨子里还是一个汉人。

　　虽然苏武痛恨叛徒，但听完李陵的讲述后，却保持了沉默。他深深理解李陵的悲苦，亦知道李陵投降匈奴，是无可奈何而为之，如果朝廷不断李陵的后路，他又怎么会走这样一条充满屈辱的道路？

李陵告诉苏武，匈奴的狐鹿姑单于也已经去世，现在的单于是壶衍鞮。狐鹿姑单于临死前留下遗言："我子少，不能治国，立弟右谷蠡王。"但他死后，卫律与颛渠阏氏合谋，未传狐鹿姑单于的遗言，而假传单于令，立狐鹿姑单于之子壶衍鞮为单于。

苏武悲叹，当初为难要挟他的且鞮侯单于死了，后来的狐鹿姑单于又死了，现在的单于壶衍鞮少不更事，他不知自己的放逐到何时才是尽头。

苏武听李陵诉说完自己的悲苦遭遇，心中亦颇为难过。但李陵能来看他，在那一刻，他凄苦的内心温暖了很多。在北海这么多年，很多人和事都变得模糊不清，常常要调动沉睡许久的记忆，才能变得清晰。

苏武觉得，在北海的漫长岁月里，自己的记忆与思念、忠贞与坚忍、梦想与失落、爱与恨，都在慢慢消失。在生命终结之前，躯体早已被掏空。但现在，李陵来了，他无比强烈地感觉到，自己业已变得空虚的内心，被注入了一股热流。

这次李陵来北海，是壶衍鞮单于的安排。他听说苏武和李陵曾是好友，便让李陵来北海劝说苏武投降。

李陵很为难，在世人眼中，他是叛徒，纵然有千万张嘴也无法分辩。说起汉朝在匈奴中的叛徒，在李陵前后有不少，在汉朝的声名都不好。李陵也是其中一位，又如何能面对苏武？

李陵本想对苏武说明来意，但看见那根旄节上的毛已全部脱落，而苏武仍将其抱在怀中，便心中一沉，到了嘴边的话咽了下去。那根光秃秃的旄节，犹如一只巴掌，狠狠扇了他一记耳光——苏武为何死死抱着旄节，李陵深知其意，亦觉得自己在苏武面前显得颇为猥琐，怎有颜面劝苏武投降？

苏武为李陵投降了匈奴痛惜不已，所以此时面对李陵来访，苏武内心五味杂陈。他多么想李陵只是出于友情，来看望昔日好友，并宽慰他孤独的心。

那一刻的李陵，因为欲言又止，内心颇为复杂。他面前的苏武，无悲亦无喜，像一块石头。北海的风再大，雪再冷，苏武都岿然不动，能承受风雪，能承担命运。

他是不会投降的。李陵内心已有答案，遂打消了劝降念头。尤其是当他看见面前的苏武衣着褴褛、面黄枯瘦，已形同野人时，便觉得作为昔日好友，不可再往苏武伤口上撒盐。

二人均知彼此心意，便很有默契地不说那些烦心事。李陵带来了酒肉，他亲自为苏武撕下羊腿上的腱子肉，并倒上了酒。摆在面前的酒肉，对苏武颇具诱惑，自从於轩王去世后，他已有好几年没喝过酒了。按说，李陵是他昔日好友，带来的酒肉就是供他享用的，他完全可以大快朵颐，但他看到李陵复杂的表情，心下凄然，完全没有胃口了。

李陵一再劝苏武喝酒吃肉，二人边吃边聊，话题不觉间就谈到苏武这些年的生活，李陵听苏武诉说了这些年的困顿，不禁摇头长叹，双眼垂泪。

李陵投降匈奴后，且鞮侯单于念及他是名将之后，从未在生活上为难过他，反之却以好酒好肉侍候他。当时在汉朝，人人都以为汉人到匈奴中，首先面临的是饮食问题，其实不然，李陵投降后不久，就适应了匈奴的饮食，这些年下来，他的口味已经和匈奴别无二致。

李陵因为想心事走神，但苏武以为自己的话说得不妥，便不忍让老友伤心，于是便说，其实也能吃到一些东西，譬如从洞穴中挖出野鼠储藏的草籽，偶尔还会碰到尚存甘甜水分的果粒，不失为一种享受。

李陵闻之，不由得更伤心了。天底下有几人能将这等遭遇视为享受？

苏武劝李陵止住泪水，俩人默默喝酒，谁也不说一句话。

然而酒精慢慢让二人兴奋，话也多了起来。李陵仍为苏武遭受的磨难而伤心，忍不住将壶衍鞮单于命他来劝降的事说了出来。此时的李陵，并非是劝苏武背叛朝廷，背叛家人，死心塌地为匈奴所用。他只是觉得苏武的遭遇，已到了人之极限，再坚持下去没有任何意义。所以，他便劝苏武早日结束精神苦役，使肉身不再受煎熬。

李陵说这一番话时，是以自己为参照的，他坦坦荡荡真投降时，曾将理想与现实做过冷静衡量，他发现理想已化为幻影，便脚踏实地回归现实，这其实是正视人生的现实。李陵有此经历，所以对苏武的劝告，可谓是情真意切。

苏武并未生气，也没有像骂卫律那样对待李陵，但他一句话也不说。他的沉默，其实就是对李陵的回答，只不过碍于面子，不好直接说什么。他的沉默，也与他被困北海十余年有关，在此期间，他鲜有与人对话、交流和倾诉的机会，所以，沉默已成为习惯。

沉默良久，李陵想再劝一劝苏武，但他尚未开口，苏武已从他目光中猜出他心意，以手势制止住他，只说了两个字：不降！

这两个字，从一个沉默的人嘴里说出，便犹如一座山突然崩裂，其动静一定让李陵吃惊。在那一刻，李陵在先前所做的准备，以及对苏武的怜悯，渴望让苏武过上好日子的好意，都被这犹如落石般的两个字击得粉碎。

于是二人便又喝酒，不再谈及投降之事。

李陵在北海盘桓了数日。

他也想多陪陪好友。

那些天，他们谈论以往在大汉朝廷的事，气氛慢慢变得融洽。李陵知道，苏武已经是一个被遗忘的人，不论是在汉朝还是匈奴，没有多少人记得他。但他却牢牢记着朝廷当年赋予他的使命，并固执地认为，那使命的意义并没有因为时间消逝、时代变迁，以及他被放逐北海而改变。反之却因为他坚持了信念，表现出了不屈的精神，以及长久期盼的坚忍，具有了涅槃意味。

苏武亦不与李陵谈论叛徒的话题，甚至避免谈及匈奴，否则就会涉及李陵的生活。

苏武的内心对李陵有复杂的情感。他不会指责李陵，亦不会埋怨或仇恨李陵，只是为他感到可惜。李氏家族即使只有李广一位光芒闪耀的先祖，就足以鼓励所有的后人为国尽忠，渴饮匈奴血，横刀镇边关。但是李陵却选择了一条有悖祖先意志的道路，实在可惜。如果李陵在被俘后宁死不屈，哪怕被匈奴杀死，也不会被世人耻笑。但是人各有志，李陵心如死灰，选择了那样一条路，别人又有什么权利说三道四呢？好在李陵投降后，并没有像卫律那样干坏事，这一点很让苏武赏识。但这些话，苏武同样也不能对李陵说出，只是默默在心里想。

慢慢地，他们二人便都明白，什么话该说，什么话不该说。他们是昔日好友，如今虽然身份已经大变，但彼此对对方的好感还在，友谊还在，都惺惺相惜，小心维护着在这苦寒之地，如同天赐一般的见面机会。

其实李陵此次来，还有一些话要对苏武说，那是关于苏武出使匈奴后，他家中发生的事。但是当他看到苏武的生活后，却无论如何开不了口。

但是后来，李陵不忍再隐瞒了，因为他无法坐视苏武在苦难的深渊中越陷越深，同时也觉得苏武已为朝廷仁至义尽，在他家人遭受不公正对待后，理应清醒，不要再抱有盲目的幻想和盼望。在家人遭受朝廷不公正对待这样的事情上，李陵的创伤之深，即使在他投降匈奴若干年后，也仍然难以愈合。于是他问苏武：你想不想知道，自你出使匈奴后，你家中所发生的事？

苏武当然想听，他自从出使匈奴后，便再也没有得到家人的消息，想必家人也不知他如今的处境。现在终于可以知道家人的消息了，他十分激动，便催促老友快说。

但李陵在那一刻却很为难，他憋了半天，才对苏武说，其实都不是好消息，但我考虑再三，觉得我此生也许只来北海这一趟，我们见面恐怕不多，所以还是应该告诉你。

苏武一听李陵的口气，便觉得情况不好，便再次催促李陵快说。

李陵说，你哥哥苏嘉扶皇帝的车驾下殿阶时，碰到柱子上，断了车辕，被定为"大不敬"之罪。因羞愤难当，便举剑自杀了。朝廷赐钱二百万用以下葬。

苏武听到这里，差一点跌倒在地。他在匈奴为朝廷守护尊严，难道朝廷一点也不念情，宽恕他哥哥半分？

你弟弟苏贤和你哥哥一样，都是运气不好的人。有一天，他跟随皇上去祭祀河东土地神，骑从的宦官与黄门驸马（掌管皇帝侍从车辆的官员）争船，把人推入河中淹死，那宦官畏罪潜逃，你弟弟受命去追，没有抓到，因害怕被定罪而服毒自杀。

李陵忍了忍，又对苏武说，最后我要告诉你

的，是我最不想说，你最不愿听的事情，但是话已经说到了这儿，我还是全部都告诉你吧。我在长安时，你母亲在悲伤中郁郁而死，是我送葬的；你的妻子因为家遭变故，加上等你无望，便改嫁他人；如今你的两个妹妹，两个女儿和一个儿子，过了这么多年都没有消息，生死不明……

李陵说得声泪俱下，苏武听得悲痛欲绝，怀中的旄节差一点掉到地上。苏武万万没有想到，他走之后发生了这么多始料不及的变故，他的家人在一场场灾难中，犹如一片片落叶，被刮进了命运深渊。再刚烈的汉子，到了这时也会伤心，也会为家人遭受的不公而愤怒，但他把火发给谁呢？他想骂，又该骂谁？他想哭，但还有泪水吗？

到了这种地步，苏武悲痛得真想把那根旄节摔在地上，一脚踩成两截——自己这么多年在这里为朝廷坚守使命，家人却落得如此悲惨的结局，这到底是为什么？

是我错了，还是朝廷错了？

李陵趁机劝苏武，我现在已打消劝你投降之意，但面对这样的事实，你又何必一意孤行？人生像早晨的露水，说散就散了，你何必这样折磨自己！我刚投降时，终日若有所失，几乎要发狂，痛心对不起朝廷，加上老母拘禁在保宫，你不想投降的心情，怎能超过当时的我呢！

李陵说的是心里话，但此时的苏武又怎能听得进去。

李陵又说，如今皇上年纪大了，法令随时变更，大臣无罪而全家被杀的有数十家，安危不可预料。你还打算为谁守节呢？希望你听从我的劝告，不要再坚持自己的信念了。

苏武长叹一口气说，我苏武父子无功劳和恩德，都是皇帝栽培提拔起来的，我愿意为朝廷牺牲一切。现在得到牺牲自己以效忠国家的机会，即使受到斧钺和汤镬之极刑，我也心甘情愿效忠君王，就像儿子效忠父亲，儿子为父亲而死，没有什么遗憾，希望你不要再说了。

李陵见苏武如此坚定，再也说不出什么了。

苏武内心亦有不忍，于是他对李陵说，我料定你对我劝降不成，单于必让我死，与其那样，不如趁着我们今天快乐，让我死在你的面前。对于我而言，死在朋友面前，是最好的结局。

李陵拉住苏武，慨然长叹道，你是义士啊！我李陵与卫律的罪恶，上能达天！说着眼泪直流，浸湿了衣襟。

天下没有不散的宴席，李陵要走了，面对老友，他的心情极为复杂，握着苏武的双手，心有不舍。

李陵走后，苏武蹒跚行走在北海结冰的湖面上，长久向南凝望。有南归的大雁飞过，他仰头望上几眼，复有泪水涌出。此时，他想返回长安的心情比任何时候都强烈。但是当他手一碰到那根旄节，心中便又一紧，他意识到自己必须在这里坚持下去，虽然已经熬了十余年，但他出使的使命，仍没有结束，他必须等到有结果的那一天。

李陵回去后，心中挂念苏武困境，但又觉得无颜再见苏武，便让妻子送过去数十只牛羊。

李陵和苏武，曾经的至交好友，如今却已属不同阵营。

荣归受赏

时间并没有隔断李陵和苏武的友情，几年后，也就是公元前87年，李陵再次来北海看望苏武。但凡李陵来，必然给他带来新的消息。这次，李陵告诉苏武，几天前，匈奴人在边界上抓住汉朝云中郡的一名士兵，他向匈奴供出，近日汉朝太守以下的官吏和百姓，都穿白色丧服——汉武帝驾崩了。

苏武听到这个消息，面向南方放声大哭。

李陵劝他节哀顺变。苏武想回帐篷中去，刚一转身，便吐出一口鲜血。他是受汉武帝指派出使匈奴的，如今汉武帝驾崩，谁还能证明他一直为朝廷守节？那一刻，苏武绝望了！他骤然觉得刮过来的风，似乎变成了大手，要把他拽入无边的黑暗之中。

亲人死了，苏武是小悲；皇上死了，苏武是大悲。如果永远回不去，他所做的一切朝廷不知，无人铭记，到时候就只有自己与神明可晓，一腔忠心唯有苍天可鉴。

少顷，苏武安静下来。到了这种地步，他只有一个信念——不管发生什么事，我一定要回到汉朝。

从那天开始，苏武每天早晚都面向南方，哭吊汉武帝。先前的汉武帝之于他，是精神的依靠，哪怕再苦再累，他都感觉踏实；但是现在汉武帝已乘鹤而去，他只有牢记汉武帝当年赋予自己的使命，才能坚持下去。

就这样，苏武坚持哭吊汉武帝数月。他的举动，无一人能够看见，亦无法被朝廷得知。

一个人的内心世界，被彻底暴露出来，只有两种可能，要么太过于疯狂，要么太过于孤独。苏武之举，显然属于后者。

到了公元前87年，汉昭帝登基，汉朝秩序恢复如初，社会又慢慢稳定下来。

这一年，世界平静得像是静止了一般。但这种平静只是对于苏武而言的，他像先前的十多年一样，不在世界中心，亦不在世人的目光范围内，所以没有人会关注到他。而他所处的北海，又是一个闭塞的世界，他被围于一地，哪怕能够发出声音，也传不到外面去。所以，他不知道匈奴中发生了一件大事——壶衍鞮单于为了和汉朝搞好关系，与汉朝达成协议，要再度启动和亲政策。

这样的变化，似乎只关乎国家和政治，与苏武毫无关联。这样的变化很大，大到不会影响具体的某一个人，加之在国家的棋盘上，苏武的名字尚未成为一枚棋子，所以无人能够想起他。

但有一位即将改变苏武命运的人，在苏武毫不知情的情况下，在匈奴中开始悄悄行动了。

他就是常惠。当年苏武被囚禁后，且鞮侯单于念及常惠并未参与那场内讧，便未追究他的罪责，但将他扣在了匈奴中。他的处境虽然比苏武好很多，但也没有自由，与囚徒无异。他一直盼望能返回朝廷，也盼望苏武能够从北海回来。然而一年又一年过去了，始终不见苏武返回。他前后思量，认为匈奴当初之所以不杀苏武，其目的是通过征服苏武，向汉朝显示威风，所以他断定苏武还活着。他很了解苏武，知道他一定不会辱没自己的使命，时刻等待返回的机会。正因为如此，在那十多年中，他一直在打听苏武的消息。

也许，李陵在此时帮了忙，他悄悄给常惠带去了消息，告知苏武仍在北海，并建议他想办法与朝廷取得联系，让朝廷出面营救苏武。因为在当时的情况下，唯大汉朝廷可给匈奴施加压力，这是营救苏武的最好办法。

常惠最终得到确切消息——苏武被囚禁在北海。这一消息让常惠很兴奋，在这十余年中，朝廷已经发生了翻天覆地的变化，而苏武却仍然在孤苦境地中坚持着自己的使命，真是让人钦佩。

就在常惠得到苏武的消息后不久，朝廷中终于有人想起，十余年前汉朝派出的苏武使团一行，至今未归。朝廷立即派出使者前往匈奴，要求他们放回苏武等人。朝中大臣屈指一算，已经十九年了，苏武出使时四十岁，如今如果活着，已是快六十岁了。有人担心，身处苦寒之地，苏武恐怕早已不在人世。

担忧归担忧，但没有确切消息，还是要找。

汉朝使者到了匈奴后，向壶衍鞮单于提出了寻找苏武的要求，但壶衍鞮单于却有顾虑。且鞮侯单于当年把事做得太绝，显得匈奴无情无义，如果承认苏武还活着，就会遭人诟病。他思前想后，认为这个伤口一旦揭开，匈奴便没有了面子，甚至有可能让汉匈再度交恶。所以，他要保守这个秘密，不让汉朝使者知道。

但是汉朝使者死活不罢休，活要见人，死要见尸。

壶衍鞮单于十分无奈，便谎称苏武已死，想把这件难堪的事遮掩过去。

但苏武仍然在世的消息却在匈奴中传开了，知道的人越来越多。匈奴人疑惑，十九年前的那个倔强的汉朝使者，惹得当时的单于且鞮侯不高兴，被遣去北海牧羊后，是否让公羊产下了小羊？他们想起这件事便狂笑，如果公羊能产下了小羊，岂不是河水可倒流，鸟儿能潜入水底，鱼能飞上树去？他们认为且鞮侯单于在十九年前，便已把这件事做绝，十九年后，谁也没有挽回的机会。

此时的苏武变得重要起来，无论是汉朝，还是壶衍鞮单于，都要紧紧将其抓住，进行一场博弈。汉朝方面一定会责问，苏武已死，是死在匈奴中，此事你如何交代？但壶衍鞮单于已想好了对付汉朝的借口，譬如，他会说匈奴并不想让苏武死，是苏武身体不好，死于严寒。如此一来，这件事就会不了了之。

此时的苏武，对此仍一无所知。

当常惠得知汉朝使者到了匈奴后，便暗下决心，一定要抓住这个机会，救苏武脱离苦海。

一天晚上，常惠买通看守他的人，悄悄去见了汉朝使者，将苏武还活着的消息告诉了使者。他们很着急，眼见得苏武仍在北海受苦，却不能将他救出，他们无论如何都不能罢休。但他们面对壶衍鞮单于的抵赖也无计可施，这一点很让他们头疼。思前想后，他们认为维持汉匈关系乃重中之重，便理智地压住怒火，商量别的办法。

常惠在匈奴多年，对匈奴习俗了如指掌，他灵机一动，想出借"神"显灵，给壶衍鞮单于施加压力的办法。

匈奴因为敬神，在历史上发生过许多传奇的故事。曾有一位单于，生下两位女儿，貌美如花。单于认为这么美丽的女儿，只有神能配得上，便在匈奴驻地西边筑一高台，将两位女儿放置台上，请神自取。另有一事，耿恭被匈奴围在疏勒（今新疆奇台，与其时的疏勒王国同名）城内，匈奴在城外断其水源，欲将汉朝守军困死在城内，耿恭从城内挖出水井后，提水在城墙上泼洒，匈奴顿时大惊，以为有神帮助汉朝守军，遂后退数里，才惶惶然扎下营盘。还有一事，飞将军李广有一次战败，被匈奴人抓住抬往单于庭，欲领大赏。李广假装昏死过去，在半路得到机会，一跃而起杀了匈奴人，夺马逃脱险境。李广能在那样的环境下逃脱，匈奴便以为他是神，以后在战场上但凡听到他的名字，便俱不向前，纷纷转身而回。常惠坚信，匈奴如此信神惧神，其心理一定有脆弱之处，他正是要抓住这一要害，为营救苏武创造条件。

常惠和使者商量一番后，由使者去见壶衍鞮单于，严厉责备他说，匈奴既然诚心同汉朝和好，就不应该欺骗汉朝。

壶衍鞮单于不知使者这番话从何讲起，便让他详细说明。

使者说，我们大汉的皇上，近几日在上林苑中射下一只大雁，雁腿上拴着一封帛书，帛书上面有字，说苏武还活着，就在北方的水草汇集之处。

壶衍鞮单于不知所措，僵在了那里。

使者说，这一定是苏武的忠义感动了神，神便派大雁替苏武送出了消息。你怎么说他死了呢？

壶衍鞮单于被"雁足留书"这一说法吓坏了，他以为真的是苏武的忠义感动了神，于是赶紧承认错误，向使者保证说，苏武确实还活着，我们把他放回去就是了。

苏武终于踏上归程。

行前，李陵安排酒筵向苏武祝贺。酒过三巡后，李陵神情黯然地说："今天你还归，在匈奴中扬名，在汉家朝廷中功绩显赫。即使古代史书所记载的贤良人物，都无法超过你！我李陵虽然无能和胆怯，假如朝廷宽恕我的罪过，不杀我的老母，给我一个立功赎罪的机会，我永远也不会忘记汉朝的恩典，我也会保答汉朝的。可是朝廷逮捕杀戮我的全家，我还再顾念什么呢？算了吧，让你了解我的心罢了！我已成异域之人，这一别就永远隔绝了！"

在最后离别时，李陵起舞唱出一首离别之歌：

> 走过万里行程啊，穿过了沙漠，为君王带兵啊奋战匈奴。归路断绝啊，刀箭毁坏，兵士们全部死亡啊，我的名声已败坏。老母已死，虽想报恩何处归！

李陵老泪纵横，同苏武诀别。

壶衍鞮单于召集苏武昔日的部下，除了已经投降和死亡的，仅剩九人，随苏武一起向长安出发。

十九年前出发时，苏武四十岁，是意气风发的中郎将；十九年后返归，苏武已是步履蹒跚的老人。但他对此时的朝廷一无所知，内心甚至隐隐产生了未能完成使命的负罪感。

苏武一直视自己的使命为至高追求，苦苦熬了十九年，现在终于有机会返回长安。

但归途依然迢迢，无论他内心多么不平静，却无一人可倾诉，唯有先回去，视实际情况再做打算。为此，他一步一步离开北海，头顶上是灰色的天，身后是灰色的山，前面是在他内心已变得模糊的故乡。那一路，他一步一步走出无边的草场，一步一步走近大汉的关隘和驿站，最后终于看见了长安城。进入长安城，他看到了汉人的面孔和服装，街道和房屋，起初觉得陌生，后来他内心的记忆被慢慢唤醒，才有了熟悉的感觉。那一刻，苏武才真切感受到，自己终于回来了。

此时他的事迹在长安已是家喻户晓，朝廷已对他给予肯定，并做好了奖赏他的准备。进入长安城的苏武，闻听这一消息后，终于打消顾虑，松了一口气。

人们在长安街上迎接他，出现在人们面前的苏武，胡须和头发皆白，形如野人，但仍紧紧抱着那根旄节。

一人一旄，似乎已长成一体。

苏 武
生平简表

● ◎汉武帝建元元年（前140）

出生于杜陵（今陕西西安）。

● ◎天汉元年（前100）

官至中郎将，出使匈奴。

● ◎天汉元年（前100）

冬天，被匈奴放逐北海，一人孤独牧羊。

● ◎ 太始二年（前95）

_____

在北海遇匈奴於靬王。

● ◎ 征和元年（前92）

_____

於靬王病逝。

● ◎ 汉昭帝始元六年（前81）

_____

归汉朝长安。

● ◎ 元凤元年（前80）

_____

子苏元因参与阴谋被处死，受牵连被免官。

● ◎ 元平元年（前74）

_____

宣帝即位，先后赐爵关内侯、右曹典属国。

● ◎ 汉宣帝神爵二年（前60）

_____

在长安病逝，享年八十岁。